Avocado Rezepte: 20 gesunde Avocado Rezepte zum abnehmen und fit werden!

Rebecca Krämer

Haftungsausschluss

Der Inhalt dieses Buches wurde mit großer Sorgfalt geprüft und erstellt. Für die Vollständigkeit, Richtigkeit und Aktualität der Inhalte kann jedoch keine Garantie oder Gewähr übernommen werden. Der Inhalt dieses Buches repräsentieren die persönliche Erfahrung und Meinung des Autors und dient nur dem Unterhaltungszweck. Der Inhalt sollte nicht mit medizinischer Hilfe verwechselt werden. Es wird keine juristische Verantwortung oder Haftung für Schäden übernommen, die durch kontraproduktive Ausübung oder durch Fehler des Lesers entstehen. Es kann auch keine Garantie für Erfolg übernommen werden. Der Autor übernimmt daher keine Verantwortung für das Nicht-Erreichen der im Buch beschriebenen Ziele. Dieses Buch enthält Links zu anderen Webseiten. Auf den Inhalt dieser Webseiten haben wir keinen Einfluss. Deshalb kann auf diesen Inhalt auch keine Gewähr übernommen werden. Die verlinkten Seiten wurden zum Zeitpunkt der Verlinkung auf mögliche Rechtsverstöße überprüft. Für die Inhalte der verlinkten Seiten ist aber der jeweilige Anbieter oder Betreiber der Seiten verantwortlich. Rechtswidrige Inhalte konnten zum Zeitpunkt der Verlinkung nicht festgestellt werden.

Inhaltsverzeichnis

Einleitung

Ich danke dir, dass Du dich für den Kauf dieses Buches entschieden hast. Es war eine gute Entscheidung, dessen kannst Du dir sicher sein.

Doch was erwartet dich nun? Du findest hier eine Vielzahl von leckeren und vor allem sehr gesunden Avocado Rezepten, welche vielfältig gestaltet wurden und aus ganz unterschiedlichen Themengebieten stammen.

Darüber hinaus sind alle Rezepte mit den entsprechenden Nährwertangaben versehen, sowie den jeweiligem Schwierigkeitsgrad der Zubereitung und der ungefähren Zeitdauer, welche es benötigt, um die Rezepte fertig zu machen

Die Rezepte sind dabei Alphabetisch sortiert und entsprechend dazu durchnummeriert, sodass Du spielend leicht deine Favoriten wiederfinden kannst.

Weiterhin hast Du die Möglichkeit, zu jedem deiner Rezepte noch Notizen einzutragen und jeweils noch eine Note für das Gericht hinzuzufügen. Solltest Du also noch persönlich etwas an dem jeweiligen Rezept verändern wollen, kannst Du das dort spielend leicht eintragen.

Am Ende des Buches erwartet dich übrigens noch ein kleiner Bonus! Du findest dort fünf weitere Rezepte, welche dir vielleicht ebenfalls gefallen werden, als zusätzliches Dankeschön für deinen Kauf.
Jetzt aber..viel Spaß beim kochen und guten Appetit!

Avocado Rezepte

Rezept 1: Avocado-Hähnchen-Salat mit Joghurtdressing

Schwierigkeitsgrad: Leicht

Zubereitungsdauer: 30 Minuten

Zutaten (für 2 Personen):

400 g Hähnchenbrustfilet

2 reife Avocados

1 Knoblauchzehe

2 EL Olivenöl

Salz

Pfeffer

Petersilie

Schnittlauch

Zubereitung:

1.) Schneide das Hähnchenbrustfilet in feine Streifen und brate es mit etwas Öl in einer beschichteten Pfanne bis dieses knusprig braun ist.
2.) Für das Dressing schälst du den Knoblauch und schneidest in in feine Streifen. Danach mit Petersilie und Schnittlauch vermischen und mit Salz und Pfeffer abschmecken. Für den Geschmack noch etwas Limettensaft hinzugeben.
3.) Die Avocado nun halbieren, den Kern entfernen und in Streifen schneiden.
4.) Sobald die Hähnchenbrustfiletstreifen knusprig braun sind diese zusammen mit den Avocadoscheiben auf einem Teller anrichten und mit dem Joghurtdressing genießen.
5.) Fertig! Guten Hunger.

Anmerkungen:

Persönliche Note für das Rezept:

Rezept 2: Avocado Salat

Schwierigkeitsgrad: Leicht

Zubereitungsdauer: 25 Minuten

Zutaten (für 2 Personen):

250g Bohnen (weiß)

100g Datteltomaten

2 EL Balsamico

2 EL Olivenöl

1 Avocado

1 rote Zwiebel

Petersilie

Schnittlauch

Oregano

Salz

Pfeffer

Zubereitung:

1.) Zunächst lässt du die Bohnen ordentlich abtropfen.
2.) Nun werden die Tomaten gewaschen und halbiert. Dazu wird die Zwiebel in kleine Stückchen geschnitten.
3.) Im Anschluss wird die Avocado halbiert und der Kern entfernt. Das Fruchtfleisch wird nun mit einem Löffel rausgelöffelt.
4.) Gebe nun alle verarbeiteten Zutaten in eine Schüssel und vermenge alles ordentlich miteinander.
5.) Gebe etwas Balsamico, Schnittlauch, Oregano, Olivenöl, Salz, sowie Pfeffer drauf. Gut durchrühren.
6.) Fertig! Guten Hunger.

Anmerkungen:

Persönliche Note für das Rezept:

Rezept 3: Avocado-Tomaten Salat

Schwierigkeitsgrad: Mittel

Zubereitungsdauer: 15 Minuten

Zutaten (für 2 Personen):

10 Tomaten (Cocktailtomaten)

1 Avocado

1 Zwiebel (mittelgroß)

1 Knoblauchzehe

2 EL Olivenöl

2 EL Balsamico

1 EL Honig

Salz

Pfeffer

Zubereitung:

1.) Vermische zunächst das Balsamico ,den Honig und das Olivenöl zusammen.
2.) Schneide im Anschluss das Fruchtfleisch aus der Avocado heraus.
3.) Nun werden die Zwiebel sowie die Knoblauchzehe in kleine Würfel geschnitten.
4.) Schneide die Tomate in gleichmäßige Stückchen.
5.) Alles zusammen in einer großen Salatschüssel miteinander vermischen.
6.) Mit Salz, Pfeffer und weiteren Gewürzen nach persönlicher Vorliebe würzen und anschließend abschmecken.
7.) Fertig! Guten Hunger.

Anmerkungen:

___

___

___

Persönliche Note für das Rezept:

___

Rezept 4: Herzhafter Wrap mit Räuchertofu in Avocadocreme

Schwierigkeitsgrad: Mittel

Zubereitungsdauer: 30 Minuten

Zutaten:

1 Tortilla Wrap

1 Avocado

1 Packung Räuchertofu

Frischer Babyspinat

Eisbergsalat

Knackiges Gemüse nach Wahl: z.B. Paprika

Mais

Tomaten

Radieschen

Zubereitung:

1.) Heize den Backofen auf 175 C Ober- und Unterhitze vor. Lege den Wrap nun für ein paar Minuten in den Ofen um diesen zu erwärmen.

2.) Schneide in der Zwischenzeit den Salat und das Gemüse nach Wahl in feinere Teile, damit diese sich nachher gut im Wrap zusammenrollen lassen.

3.) Den Räuchertofu auspacken und darauf achten das jegliche Flüssigkeit aus der Verpackung raus ist. Ist der Tofu noch zu feucht wickel diesen für ein paar Minuten in Küchenpapier ein.

4.) Danach kannst du diesen in einer beschichteten Pfanne mit etwas Öl anbraten.

5.) Schneide nun die Avocado in zwei Hälften, entferne den Kern und zerschneide diese in kleine Stücke.

6.) Gib die Avocadostücke in eine Schüssel und füge sofort etwas Zitronensaft hinzu, damit das Fruchtfleisch nicht braun wird. Gib etwas Salz und Pfeffer auf die Avocado und zerdrücke diese mit einer Gabel bis du eine cremige Konsistenz erhältst.

7.) Verfeinere die Creme mit etwas Olivenöl.

8.) Den warmen Wrap nun aus dem Backofen holen und eine Seite großzügig mit der Avocadocreme bestreichen.

9.) Damit der Wrap frisch und knackig wird, die Hälfte des Wraps mit Salat und Gemüse belegen und diesen schließlich mit dem Räuchertofu bedecken.

10.) Fertig! Guten Hunger!

Anmerkungen:

Persönliche Note für das Rezept:

Rezept 5: Mexikanischer Wrap mit Kindneybohnen, Mais und Avocado

Schwierigkeitsgrad: Leicht

Zubereitungsdauer: 20 Minuten

Zutaten (für 2 Personen):

Tortillawrap

1 Avocado

200 g Kidneybohnen

200 g Mais

Eisbergsalat

Paprika

Cocktailsoße

Zubereitung:

1) Heize den Backofen auf 175 C Ober- und Unterhitze vor. Lege den Wrap nun für ein paar Minuten in den Ofen um diesen zu erwärmen.
2) In der Zwischenzeit den Eisbergsalat und die Paprika zerkleinern, sodass diese sich am Ende gut rollen lassen.
3) Schneide die Avocado nun in feine Scheiben und beträufel diese mit Zitronensaft, um zu vermeiden , dass diese braun werden. Würze mit etwas Salz und Pfeffer nach.
4) Wasche nun den Mais und die Kidneybohnen gründlich und breite diese vor dir aus.
5) Hole nun den warmen Wrap aus dem Ofen und belege mit den Salatscheiben und daraufhin mit dem Gemüse.

6) Achte darauf nicht den kompletten Wrap zu belegen, damit dieser sich am Ende gut zusammenrollen lässt!
7) Nun gibst du die Kidneybohnen und den Mais hinzu.
8) Als letztes alles mit Avocadoscheiben belegen.
9) Das ganze kann nun mit einer Cocktailsoße abgeschmeckt werden.
10) Fertig! Guten Hunger!

Anmerkungen:

___

___

___

Persönliche Note für das Rezept:

___

Rezept 6: Fitness Wrap mit Avocado und Kräuterquark

Schwierigkeitsgrad: Leicht

Zubereitungsdauer: 25 Minuten

Zutaten (für 2 Personen):

Wrap

1 Avocado

250 g Quark

100 ml Milch

Schnittlauch

Petersilie

1 kleine Zwiebeln

Pfeffer

Salz

Eisbergsalat

Babyspinat

Zubereitung:

1) Den Backofen auf 175 C vorheizen und den Wrap für 15 Minuten erwärmen.
2) Für den Kräuterquark nimmst du 250 g Quark und fügst etwa 100 ml Milch hinzu, um die Konsistenz zu verfeinern.
3) Zwiebeln in feine Würfel schneiden und Schnittlauch und Petersilie in feine Teile zerhacken.
4) Diese nun mit Salz und Pfeffer im Quark unterrühren.
5) Den Quark nun abdecken und für 30 Minuten ziehen lassen.
6) Den erwärmten Wrap aus dem Backofen nehmen und ihn großzügig mit Kräuterquark bedecken.
7) Eisbergalat, Babyspinat und Gemüse so schneiden, dass sich diese gut rollen lassen.
8) Nun Radieschen, Paprika und Gurke schneiden.

9) Auf den mit Kräuterquark bedeckten Wrap nun zuerst die Salatscheiben hinzufügen, danach das Gemüse. Zuletzt kommt oben drauf die Avocadoscheiben.
10) Fertig! Guten Hunger!

Anmerkungen:

Persönliche Note für das Rezept:

Rezept 7: Orientalischer Wrap mit Avocado und Hummus

Schwierigkeitsgrad: Leicht

Zubereitungsdauer: 15 Minuten

Zutaten:

Wrap

1 Avocado

Kichererbsen

Zitronensaft

Salz

Pfeffer

Cocktailtomaten

500 g Kichererbsen

2 EL Sesampaste

Kreuzkümmel

Babyspinat

Cocktailtomaten

Rote Paprika

Zubereitung:

1) Zubereitung des Hummus:
   Die Kichererbsen zusammen mit der Sesampaste, Knoblauch, etwas Zitronensaft, Wasser sowie Salz und Pfeffer in eine Schüssel geben und mit einem Pürierstab zu einer cremigen Masse vermischen. Ist die Creme zu fest einfach etwas mehr Wasser hinzugeben.
2) Die Paprika und das gewünschte Gemüse in dünne Scheiben schneiden und die Cocktailtomaten halbieren, sodass sich diese am Ende gut einrollen lassen.
3) Den erwärmten Wrap aus dem Backofen holen und großzügig mit dem Hummus bestreichen.
4) Nun in etwa den halben Wrap mit dem Salat oder Spinat bedecken, danach die Cocktailtomaten und das zerkleinerte

Gemüse hinzugeben. Als letztes folgen die Avocadoscheiben.

5) Fertig! Guten Hunger!

Anmerkungen:

___

___

___

Persönliche Note für das Rezept:

___

Rezept 8: Gebratene Gurke mit Hähnchen und Avocado

Schwierigkeitsgrad: Mittel

Zubereitungsdauer: 40 Minuten

Zutaten (für 2 Personen):

275g Magerquark

150 g Schinkenwürfel (fettarm)

2 EL Zitronensaft

2 TL Olivenöl

1 Gurken

2 Hähnchenbrustfilets

2 Knoblauchzehen

1 Avocado

Salz

Pfeffer

Paprikapulver

Zubereitung:

1) Zunächst wird das Hähnchenbrustfilet in kleinere Stückchen zerschnitten und mit Salz, Pfeffer und Paprika gewürzt.
2) In einer Pfanne wird Olivenöl erhitzt, dort wird das Hähnchenbrustfilet zusammen mit den Schinkenwürfeln gebraten.
3) Währenddessen wird die Avocado halbiert und der Kern wird entnommen. Beide Hälften werden zusammen mit einer Knoblauchzehe und etwas Zitronensaft zerdrückt. Alles wird miteinander vermengt.
4) Nun den Magerquark in eine Schüssel geben und mit der zerdrückten Avocado vermengen. Alles ordentlich verrühren.
5) Die gebratenen Schinkenwürfel dazugeben.

6) Jetzt werden die Gurken geschält und der Länge nach in Scheiben geschnitten.
7) Die Hähnchenbrustfilets aus der Pfanne entnehmen und die Gurken in der gleichen Pfanne kurz scharf anbraten.
8) Fertig! Guten Appetit!

Anmerkungen:

Persönliche Note für das Rezept:

Rezept 9: Gegrillte Avocado mit Tomatensalsa

Schwierigkeitsgrad: Mittel

Zubereitungsdauer: 25 Minuten

Zutaten (für 2 Personen):

50g Petersilie

4 Avocado

3 Tomaten (groß)

2 Frühlingszwiebeln

2 Knoblauchzehen

2 EL Limettensaft

1 TL Olivenöl

1 Prise Salz

1 Prise Pfeffer

Zubereitung:

1.) Avocados vorsichtig halbieren und entkernen.

2.) Tomaten in Würfel schneiden.

3.) Frühlingszwiebeln und Knoblauchzehen jeweils zerkleinern.

4.) Zerkleinerte Tomaten, zerkleinerte Frühlingszwiebeln, Limettensaft, Olivenöl, zerkleinerter Knoblauch und Petersilie vermischen.

5.) Nach Belieben mit Salz und Pfeffer würzen.

6.) Avocados vor ca. 5 Minuten vorsichtig grillen, anschließend mit der Tomatensalsa bestreichen.

7.) Fertig. Guten Appetit.

Anmerkungen:

___

___

___

Persönliche Note für das Rezept:

___

Rezept 10: Steak mit Avocado

Schwierigkeitsgrad: Leicht

Zubereitungsdauer: 20 Minuten

Zutaten (für 2 Personen):

1 Ribeye-Steak

250g Kirschtomaten

3 EL Limettensaft

3 EL Olivenöl

1 Avocado

1 Zwiebel

Petersilie

Oregano

Salz

Pfeffer

Currypulver

Zubereitung:

1.) Wasche zunächst die Tomaten, trockne sie. Im Anschluss werden die Tomaten halbiert.

2.) Die Zwiebel schälen und zerkleinern.

3.) Die Petersilie waschen, dann trocken tupfen und zerkleinern.

4.) Nun die Avocado halbieren und den Kern herausnehmen. Das innere der Avocado dann herauslöffeln und mit dem Limettensaft beträufeln.

5.) Das Steak herausnehmen und in Streifen schneiden.

6.) Olivenöl in einer Pfanne erhitzen und das Steak dazu geben. Dieses jeweils einige Minuten lang von allen Seiten lang anbraten.

7.) Steak mit Pfeffer, Curry und Salz würzen.

8.) Die zerkleinerten Zwiebeln und die zerkleinerten Tomaten in der gleichen Pfanne anbraten.

9.) Das Fleisch und die Avocado nun erneut dazugeben und miterhitzen.

10.) Petersilie und zerkleinerten Oregano darüber streuen und sofort servieren.

11.) Fertig. Guten Appetit.

Anmerkungen:

___

___

___

Persönliche Note für das Rezept:

___

Rezept 11: Zucchininudeln in Avocadocremesoße

Schwierigkeitsgrad: Leicht

Zubereitungsdauer: 25 Minuten

Zutaten (für 2 Personen):

2 Zucchini

1 Avocado

2 große Tomaten

Salz

Pfeffer

1 Knoblauchzehe

Zitronen- oder Limettensaft

Zubereitung:

1) Die Zucchini mit dem Spiralschneider zu Nudeln verarbeiten. Die Tomaten in kleine Stücke schneiden.
2) Die Avocado in 2 Hälften schneiden, entkernen und das Fleisch in kleine Stücke würfeln. Danach die Avocadowürfel mit etwas Zitronen-oder Limettensaft zu einer Creme zerdrücken und verrühren.
3) Die Zucchininudeln und die Tomaten in einer Pfanne auf schwacher hitze erwärmen und die Avocadocreme unter die Nudeln heben und verrühren.
4) Fertig! Guten Hunger!

Anmerkungen:

____

____

____

Persönliche Note für das Rezept:

____

Rezept 12: Fruchtiger Nudelsalat mit Avocado, Walnüssen und Mandarinen

Schwierigkeitsgrad: Leicht

Zubereitungsdauer: 30 Minuten

Zutaten (für 2 Personen):

200 g Nuden

2 Avocado

4 Mandarinen

150 g Erbsen

100 g Mais

Gewürzgurken

200 g Kirschtomaten

4 EL Olivenöl

300 ml Gemüsebrühe

4 EL Balsamico

Zubereitung:

1) Kochen Sie die Nudeln und lassen sie diese im Anschluss abkühlen.
2) In der Zwischenzeit schneiden Sie die Tomaten und die Gewürzgurken klein. Waschen Sie den Mais und die Erbsen gründlich und legen Sie die angegebene Menge anschließend auf die Seite.
3) Für das Dressing hacken Sie die Petersilie in kleine Stücke. Diese mischen Sie anschließend mit der Gemüsebrühe, Olivenöl und Balsamico. Vermischen Sie diese gründlich miteinander, sodass eine Soße entsteht. Diese geben Sie dann direkt über den abgekühlten Nudelsalat.
4) Schälen Sie die Mandarinen und zerkleinern Sie diese.
5) Schneiden Sie nun 2 Avocados auf und entfernen den Kern. Schneiden Sie die Avocado nun in kleinere Stücke und

beträufeln diese mit etwas Zitronen- oder Limettensaft, um zu vermeiden, dass diese braun werden.

6) Nun können Sie alle Zutaten gemeinsam in den Nudelsalat geben.
7) Fertig! Guten Appetit!

Anmerkungen:

Persönliche Note für das Rezept:

Rezept 13: Avocadorisotto

Schwierigkeitsgrad: Mittel

Zubereitungsdauer: 30 Minuten

Zutaten (für 2 Personen):

200 g Risottoreis

1 Avocado

3 EL Olivenöl

Rucola

40 g Walnüsse

1 halbe Zwiebel

500 ml Gemüsebrühe

2 EL Joghurt

1 EL Limettensaft

Salz

Pfeffer

Dill

Koriander

Zubereitung:

1) Den Risottoreis nach Packungsanweisung in Salzwasser kochen.
2) Avocado in Stückchen schneiden und mit Limettensaft beträufeln, um zu vermeiden, dass diese braun werden.
3) Schälen und zerstückeln Sie die Zwiebel und Zerhacken sie die Walnüsse in kleine Teile.
4) Geben Sie nun den Joghurt über das Risotto und rühren Sie zudem Öl, Zwiebeln, Walnüsse und den Limettensaft unter den Reis.
5) Geben Sie nun die Avocadostücke über den Reis und rühren Sie diese als letztes unter.
6) Fertig! Guten Appetit!

Anmerkungen:

______

______

______

Persönliche Note für das Rezept:

______

Rezept 14: Matcha-Avocado-Eis

Schwierigkeitsgrad: Mittel

Zubereitungsdauer: 30 Minuten

Zutaten (für 2 Personen):

2 Avocados

250 ml Sojamilch

250 ml Sahne

80 g Agavendicksaft

10 g Matchapulver

Zubereitung:

1) Schlagen Sie zunächst die Sahne steif und geben Sie ein wenig Sojamilch dazu. Rühren Sie nun das Matcha Pulver vorsichtig unter.
2) Verrühren Sie nun die restliche Milch mit dem Agavendicksaft. Achten Sie darauf, nicht zu viel Milch zu nehmen, damit die Konsistenz dickflüssig bleibt!
3) Rühren Sie nun alle Zutaten gemeinsam vorsichtig um. Geben Sie die Masse nun in eine Tiefkühlgeeignete Form und frieren Sie das Eis für etwa 5 bis 6 Stunden ein. Testen Sie regelmäßig mit einer Gabel und rühren Sie notfalls um, damit sich keine Eiskristalle bilden!
4) Nun müssen Sie das Eis nur noch servieren.
5) Fertig! Guten Appetit!

Anmerkungen:

____

____

____

Persönliche Note für das Rezept:

____

Rezept 15: Avocadopizza

Schwierigkeitsgrad: Mittel

Zubereitungsdauer: 30 Minuten

Zutaten (für 2 Personen):

400 g Mehl

400 g Tomaten

150 g geriebener Gouda

4 Avocados

4 EL grünes Pesto

2 Zwiebeln

2 Esslöffel Olivenöl

Salz

Basilikum

Zubereitung:

1.) Das Mehl mit 2 TL Salz vermengen und mit 170 ml lauwarmen Wasser übergießen. Vermischen Sie die Zutaten nun zu einem gleichmäßigen Teig.
2.) Rollen Sie den Teig in mehreren Kreisen aus, je nachdem wie groß Sie ihre Pizzen haben möchten.
3.) Bestreichen Sie die Böden mit Olivenöl und belegen Sie diese mit den zerstückelten Tomaten. Würzen Sie diese mit Salz und Pfeffer.
4.) Geben Sie den geriebenen Gouda über die Tomaten und backen Sie diesen bei 200 C Umluft für etwa 20 bis 25 Minuten bis der Boden eine goldbraune Farbe angenommen hat.
5.) In der Zwischenzeit teilen Sie die Avocado und entfernen den Kern. Zerschneiden Sie die Avocado in Scheiben und beträufeln diese mit

etwas Limettensaft. Geben Sie etwas Salz dazu.

6.) Nehmen Sie die Pizzen nun aus dem Ofen und belegen Sie diese mit den Avocadoscheiben. Geben Sie noch Basilikumblätter über alles und salzen Sie noch einmal nach.

7.) Da Avocado sehr schnell braun wird, besonders wenn diese warm werden, empfiehlt es sich die Pizzen so bald wie möglich zu servieren!

8.) Fertig! Guten Appetit.

Anmerkungen:

Persönliche Note für das Rezept:

Rezept 16: Avocadomaki

Schwierigkeitsgrad: Einfach

Zubereitungsdauer: 30 Minuten

Zutaten (für 2 Personen):

100 g Sushi Reis

2 Nori Algenblätter

2 Avocados

1-2 EL Sojasauce

Zubereitung:

1.) Avocados in zwei Hälften schneiden und den Kern entfernen. Die Avocados nun in kleine, jedoch etwas länglichere Würfel schneiden.
2.) Die Nori mit der rauen Seite nach oben auf die Sushimatte legen und etwa eine handvoll des Sushireis auf dem Noriblatt verteilen. Achten Sie darauf, dass Sie auf der von Ihnen abgewandten Seite etwa 1 cm Platz lassen.
3.) Die Länglich geschnittenen Avocadostreifen nun in die Mitte des Sushireis legen.
4.) Nun geht es an das Drehen. Dabei hilft Ihnen die Sushimatte. Schlagen Sie die Nori nun mit Hilfe der Sushimatte auf die Hälfte um und drücken Sie diese etwas zusammen.
5.) Nun müssen sie das übrig gebliebene Stück der Nori fertig aufrollen. Am

Besten befeuchten Sie dieses mit etwas Wasser und drücken Sie diese ebenfalls gut zusammen.

6.) Nun haben Sie eine große Sushirolle, die Sie nur noch je nach gewünschter Dicke in Maki schneiden müssen.

7.) Zum Dippen ist die Sojasoße sehr zu empfehlen.

8.) Fertig! Guten Appetit!

Anmerkungen:

____

____

____

Persönliche Note für das Rezept:

____

Rezept 17: Reispfanne mit Avocado, Hühnchen und Mango

Schwierigkeitsgrad: Leicht

Zubereitungsdauer: 30 Minuten

Zutaten (für 2 Personen):

200 g Reis

500 g Hähnchenbrustfilet

2 Mangos

2 Avocados

1 Zwiebel

1 Knoblauchzehe

350 g Zucchini

Basilikum

Petersilie

Zubereitung:

1.) Kochen Sie den Reis nach den Angaben der Verpackung.
2.) Schneiden Sie nun das Hähnchenbrustfilet in Stücke und braten dieses von allen Seiten gemeinsam mit Zwiebeln und Knoblauch an.
3.) Schneiden Sie nun die Zucchini klein und geben Sie diese in die Pfanne dazu.
4.) Schneiden Sie die Mango und die Avocado in Stücke und geben Sie diese als allerletztes in die Pfanne.
5.) Verfeinern Sie das ganze mit 50 g Frischkäse und würzen Sie alles mit Salz und Curry nach.
6.) Nehmen Sie nun den gekochten Reis und heben Sie die pürierten Tomaten unter. Würzen Sie mit Curry, Basilikum und Petersilie nach.
7.) Nun können Sie alle Zutaten gemeinsam unter den Reis heben.

Würzen Sie nach Bedürfnis mit Curry und verschiedenen Kräutern wie Petersilie oder Basilikum nach.

8.) Fertig! Guten Hunger.

Anmerkungen:

Persönliche Note für das Rezept:

Rezept 18: Avocadoschokokuchen

Schwierigkeitsgrad: Leicht

Zubereitungsdauer: 45 Minuten

Zutaten:

Für den Teig:

2 Avocados

60 g gemahlene Mandeln

35 g Kakaopulver

1 Banane

Ein halbes Päckchen Backpulver

1 Prise Salz

100 ml Milch

85 g Mehl

50 ml Agavendicksaft

Für die Schokocreme:

250 g griechischer Joghurt

200 g zerdrückte Avocado

70 g Kakaopulver

130 g Agavendicksaft

Zubereitung:

1.) Heizen Sie den Backofen auf 170 C Umluft vor. Fetten Sie eine Springform ein und legen Sie den Boden mit Backpapier aus.

2.) Vermischen Sie nun alle Zutaten für den Teig mit einem Küchengerät und geben Sie diesen in die vorbereitete Backform.

3.) Nun kommt der Teig für etwa 20 Minuten in den Backofen. Testen Sie aber regelmäßig mit einem Stäbchen zur Sicherheit!

4.) Lassen Sie diesen im Anschluss auskühlen.

Für die Schokocreme:

1) Vermischen Sie alle Zutaten mit einem Küchengerät zu einer gleichmäßigen und cremigen Masse.

2) Streichen Sie die Schokocreme nun auf den vollständig ausgekühlten Kuchen.

Anmerkungen:

____

____

____

Persönliche Note für das Rezept:

____

Rezept 19: Thunfischsalat mit Avocado und Tomaten

Schwierigkeitsgrad: Mittel

Zubereitungsdauer: 25 Minuten

Zutaten (für 2 Personen):

250g Salat

10 Cherrytomaten

10 Oliven

2 Avocados

2 Dosen Thunfisch

2 EL Olivenöl

Muskat

Salz

Pfeffer

Zubereitung:

1.) Waschen, trocknen und zerschneiden Sie den Salat.
2.) Wasche die Tomaten sowie die Oliven und halbiere sie diese. Arbeite beide in den Salat ein.
3.) Den gemischten Salat nun mit etwas Olivenöl beträufeln.
4.) Lasse nun den Thunfisch abtropfen und gebe diesen über den Salat.
5.) Nun die Avocado schälen und zerkleinern. Die klein geschnittenen Würfel werden nun zum Salat gegeben.
6.) Mit Salz, Pfeffer und Muskat ordentlich würzen.
7.) Fertig! Guten Hunger.

Anmerkungen:

___

___

___

Persönliche Note für das Rezept:

___

Rezept 20: Avocado-Limetten-Käsekuchen

Schwierigkeitsgrad: Mittel

Zubereitungsdauer: 40 Minuten

Zutaten (für 2 Personen):

Für die Creme:

6 Avocados

250 ml Limettensaft

200 g Agavendicksaft

100 g Kokosraspeln

Für den Boden:

170 gemahlene Haselnüsse

5 entkerne Medjooldatteln

2 TL Vanillepulver

1 Orange

4 EL Kokosöl (vorher erwärmen und schmelzen lassen)

Zubereitung:

1) Heizen Sie den Backofen auf 150 C Umluft vor. Rösten Sie die Haselnüsse in einer runden Kuchenform für 8 – 9 Minuten vor, bis diese eine goldgelbe Farbe annehmen.
2) Zubereitung des Bodens: Als erstes schält man die Orangen und entkernt die Medjooldatteln. Diese werden im Anschluss mit etwas Vanillepulver und dem erwärmten Kokosöl zu einer Paste püriert.
3) Mischen sie nun die gerösteten Haselnüsse mit einer Küchenmaschine unter die Paste und drücken Sie die Masse im Anschluss etwas zusammen.
4) Geben Sie die Mischung nun in die Backform und zerdrücken Sie diese gleichmäßig mit einem Löffel.
5) Stellen Sie diese nun vorerst in den Kühlschrank.

Zubereitung der Füllung:

1) Entkernen Sie nun die Avocados und schneiden Sie diese in kleine Würfel.
2) Nehmen Sie eine Küchenmaschine und vermischen Sie nun die Avocados mit den Kokosraspeln,Limettensaft und dem Agavendicksaft.
3) Nehmen Sie nun die Form aus dem Kühlschrank und geben Sie die Füllung auf den Boden. Decken Sie diese mit einem Teller ab. Stellen Sie die Form für etwa 4 bis 6 Stunden in den Kühlschrank.
4) Nachdem diese nun einige Stunden im Kühlschrank geruht hat, holen Sie den Kuchen nun vorsichtig aus der Form.
5) Jetzt müssen Sie den Kuchen nur noch servieren.
6) Fertig! Guten Appetit!

Anmerkungen:

Persönliche Note für das Rezept:

BONUS

Freut mich, dass Du es bis hier hin geschafft hast, ich hoffe, dir haben die bisherigen Rezepte sehr gut gefallen!

Als kleines Borbon schenke ich dir hier noch einen Bonus mit zehn leckeren Low Carb Rezepten, vielleicht gefällt es dir ja. :)

Rezept 1: Fisch Curry und Gemüse

Schwierigkeitsgrad: Schwer

Zubereitungsdauer: 30 Minuten

Zutaten (für 2 Personen):

500g Rotbarschfilet

300g Zucchini

275ml Gemüsebrühe

150g rote Paprika

5 EL Limettensaft

2 Knoblauchehen

2 Zwiebeln

2 TL Olivenöl

Salz

Pfeffer

Currypaste

Zubereitung:

1.) Zucchini waschen, trocken und der Länge nach halbieren.
2.) Paprika waschen, entkernen und in kleine Stückchen schneiden.
3.) Zwiebel in Ringe schneiden, den Knoblauch zerkleinern und den Ingwer ebenfalls in Würfel schneiden.
4.) Olivenöl in einer Pfanne erhitzen, Zugabe von Ingwer und Knoblauch sowie der Currypaste.
5.) Zucchini und Paprika dazugeben, kurz anbraten lassen.
6.) Gemüsebrühe hinzufügen zum Ablöschen. Alles einige Minuten lang kochen lassen.
7.) Rotbarschfilet waschen, trocknen und zerkleinern.
8.) Fisch in die heiße Pfanne geben, mit Limettensaft beträufeln.

9.) Alles für einige Minuten in der Pfanne lassen.

10.) Fertig! Guten Hunger.

Anmerkungen:

Persönliche Note für das Rezept:

Rezept 2: Fischfilet mit Spinat

Schwierigkeitsgrad: Mittel

Zubereitungsdauer: 30 Minuten

Zutaten (für 2 Personen):

1 Fischfilet

250g Spinat

50g Blattsalat

4 EL Olivenöl

2 Knoblauchzehen

2 EL Apfelessig

Salz

Pfeffer

Zubereitung:

1.) Knoblauch schälen und in Würfel schneiden.
2.) In einer Schüssel Olivenöl und Apfelessig miteinander vermengen, Zugabe von Salz und Pfeffer sowie Knoblauch.
3.) Das Fischfilet in einer Pfanne mit Olivenöl scharf anbraten von beiden Seiten.
4.) Salat waschen, trocknen und auf dem Teller verteilen.
5.) Spinat waschen, trocknen und auf dem Teller verteilen.
6.) Den goldbraun gebratenen Fisch auf dem Salat platzieren.
7.) Fertig! Guten Hunger.

Anmerkungen:

___

___

___

Persönliche Note für das Rezept:

___

Rezept 3: Fleisch-Gemüse-Pfanne

Schwierigkeitsgrad: Mittel

Zubereitungsdauer: 20 Minuten

Zutaten (für 2 Personen):

100g Rinderhackfleisch

50g Cherry-Tomaten

1 Paprika (rot)

1 Paprika (gelb)

1 Paprika (grün)

1 EL Kokosöl

Salz

Pfeffer

Paprikawürze

Schnittlauch

Petersilie

Zubereitung:

1.) Etwas Kokosöl in der Pfanne erhitzen und dort das Hackfleisch dazugeben. Ordentlich anbraten.
2.) Die Tomaten und die Paprika waschen und in kleine Würfel schneiden.
3.) Sobald das Hackfleisch gut angebraten ist und das Fleisch fertig ist, gibst du nun die Paprika und die Tomaten mit in die Pfanne.
4.) Gut würzen mit Salz, Pfeffer und Paprikagewürz.
5.) Etwas Schnittlauch und Petersilie dazu geben.
6.) Fertig! Guten Hunger.

Anmerkungen:

____

____

____

Persönliche Note für das Rezept:

____

Rezept 4: Frischkäse-Pancakes

Schwierigkeitsgrad: Leicht

Zubereitungsdauer: 10 Minuten

Zutaten (für 2 Personen):

250g Frischkäse

8 Eier

4 TL Xucker

Kokosöl

Zubereitung:

1.) Zunächst den Frischkäse zusammen mit den Eiern und dem Xucker in einer großen Schüssel vermengen. Alles ordentlich umrühren und einen cremigen Teig erzeugen.
2.) Anschließend etwas Kokosöl in einer Pfanne erhitzen und Teig in die Pfanne geben. Die Pfannkuchen von beiden Seiten goldbraun anbraten und regelmäßig wenden.
3.) Fertig! Guten Hunger.

Anmerkungen:

Persönliche Note für das Rezept:

Rezept 5: Zucchinipfanne

Schwierigkeitsgrad: Leicht

Zubereitungsdauer: 15 Minuten

Zutaten (für 2 Personen):

4 Cocktailtomaten

2 Zucchini

2 EL Kokosöl

1 Ei, 1 Kugel Mozzarella

Salz

Pfeffer

Basilikum

Schnittlauch

Zubereitung:

1.) Zunächst wird die Zucchini gewaschen, halbiert und in Scheiben geschnitten.
2.) Anschließend etwas Kokosöl in einer Pfanne erhitzen und die Zucchinischeiben darin anbraten.
3.) Schneide in Mozzarella in kleine Würfel.
4.) Die Tomaten vierteln, den Basilikum und den Schnittlauch zerkleinern.
5.) Die angebratenen Zucchinischeiben mit Salz und Pfeffer würzen.
6.) Das Ei aufschlagen und in die Pfanne geben. Anschließend mit einrühren und die Mozzarella Würfeln untermischen.
7.) Basilikum drüberstreuen.
8.) Fertig! Guten Hunger.

Anmerkungen:

____

____

____

Persönliche Note für das Rezept:

____

Impressum

© Freddie Remmler 2018

1. Auflage

Alle Rechte vorbehalten.
Nachdruck, auch auszugsweise, verboten.
Kein Teil dieses Werkes darf ohne schriftlich Genehmigung des Autors in irgendeiner Form reproduziert, vervielfältigt oder verbreitet werden.
Kontakt: Freddie Remmler, Hahnenstr. 9, 50354 Hürth

Covergestaltung: Rebecca Krämer

Coverfoto: depositphotos.com